JÚLIO EMÍLIO BRAZ

ILUSTRAÇÕES
EDUARDO VETILLO

CÂNDIDO
João Cândido

1ª edição – Campinas, 2022

"Há muito tempo nas águas da Guanabara,
O dragão do mar reapareceu (...)"
(Aldir Blanc e João Bosco)

MOSTARDA EDITORA

João Cândido Felisberto nasceu em 24 de junho de 1880, uma quinta-feira tipicamente invernal nos campos de Rio Pardo, numa pequena cidade chamada Encruzilhada, que ficava na então província de São Pedro do Rio Grande do Sul.

Seu pai era João Felisberto, um escravizado alforriado que trabalhava como vaqueano nas terras da fazenda Coxilha Bonita. Sua mãe era Inácia Cândido, cujos registros não permitem afirmar se ela ainda estava na condição de escravizada ou se havia sido alforriada como o marido.

Muitas lembranças da infância que acompanharam João Cândido pela vida inteira estavam relacionadas ao cotidiano de brutalidade e violência da Escravidão, que se revelava a sua volta alcançando diversos amigos e vizinhos negros.

Ao acompanhar o pai pelos campos gaúchos ou levando o gado para as charqueadas, o menino João conhecia aquela realidade injusta do cativeiro, da submissão forçada e da exploração cruel do trabalho escravizado, por meio do chicote e da prática do desrespeito à dignidade humana.

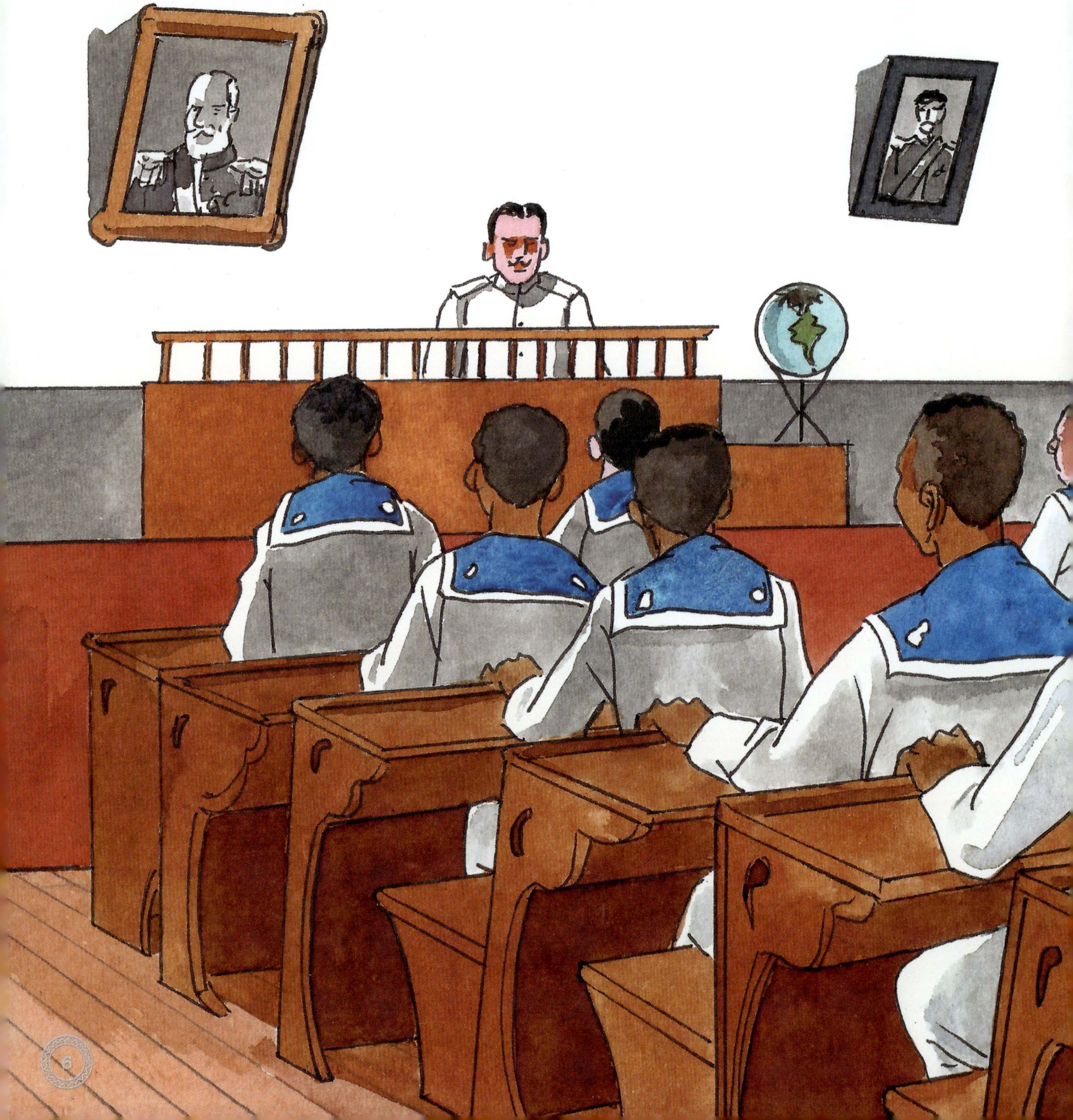

Quando João Cândido tinha 10 anos, seu pai pediu ao padrinho do menino, o capitão de fragata Alexandrino de Alencar, que encaminhasse o afilhado para a Escola de Aprendizes Marinheiros. Nem antes nem depois, João Cândido questionou esse gesto. Ele sempre preferiu acreditar nos bons propósitos do pai e na genuína preocupação da mãe.

Em 1893, "por motivos de força maior", viu-se obrigado a alistar-se como combatente das forças republicanas na chamada Revolução Federalista. Em oposição ao governo centralizador do presidente Floriano Peixoto, os federalistas ou maragatos buscavam maior autonomia dos estados.

O jovem jamais esqueceria a violência do campo de batalha, onde viu o sofrimento endurecer corações que em outras circunstâncias se mostrariam excepcionalmente gentis. Em agosto de 1894, afastou-se dos combates, mas as lembranças permaneceriam atormentando suas noites de sono.

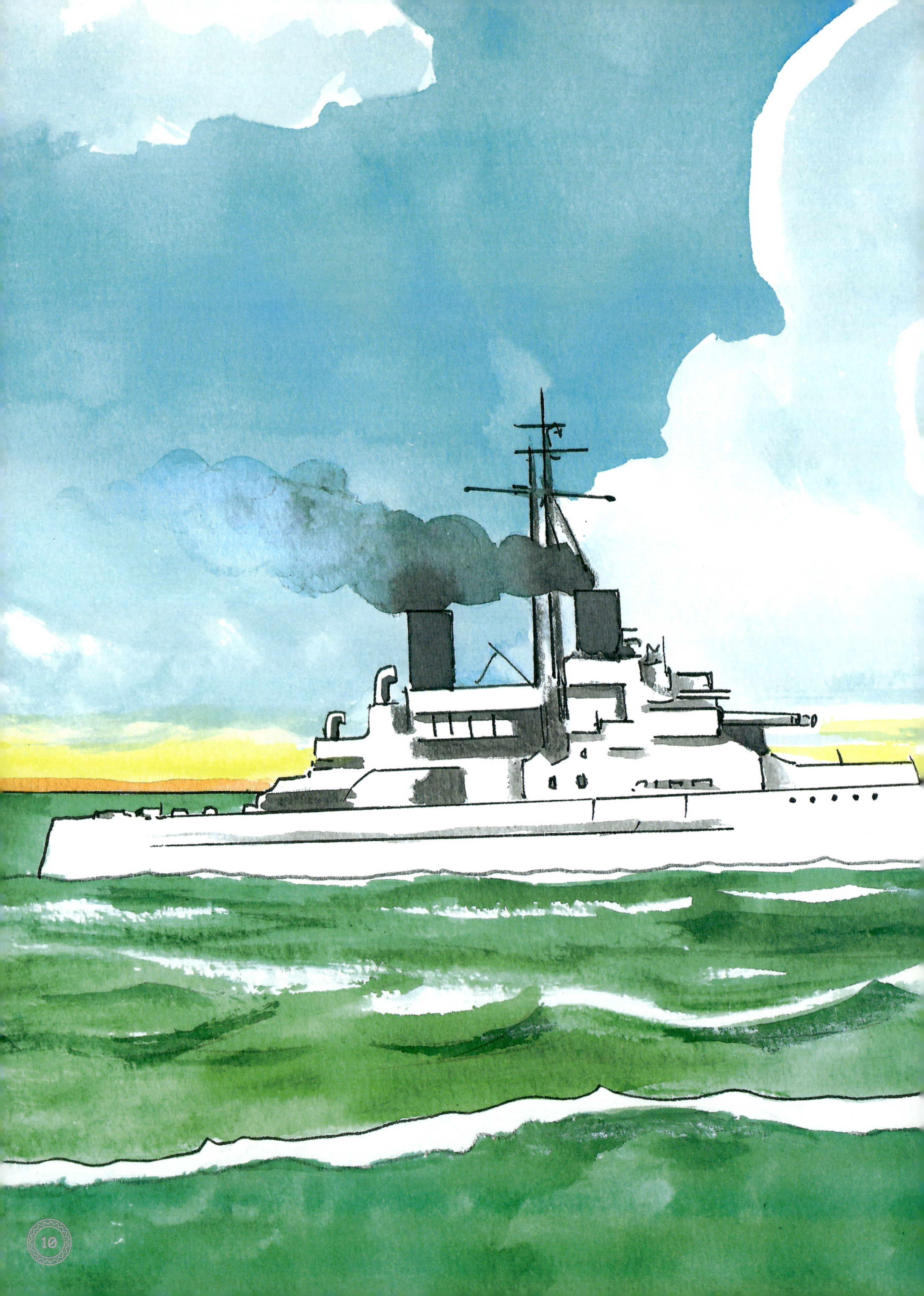

Apesar de ter ficado conhecido como o "Almirante Negro", sua maior luta não se fez nos grandes conflitos surgidos no Brasil nos anos que se seguiram à Proclamação da República em 1889. Ao contrário, o grande guerreiro conquistou lugar de honra e destaque na nossa história a partir de sua própria condição de homem simples, que lutou por respeito e dignidade humana no território hostil e elitista da Marinha Brasileira.

Grumetes e marinheiros formavam a maioria da tripulação. Apesar de serem os que faziam os navios navegarem por rios e mares, eram obrigados a trabalhar duro e sem reclamar. A oficialidade, absolutamente branca, carregava em seus olhos e atitudes o mesmo desprezo pelas pessoas negras e trabalhadoras que João Cândido vira desde sempre na gente de Rio Pardo.

Em 1895, alistou-se voluntariamente na Marinha, fazendo parte da tripulação do navio chamado Ondina. A libertação dos escravizados ainda não havia completado dez anos no Brasil, mas era como se ela nunca tivesse acontecido para os marinheiros.

Os capitães eram homens violentos que usavam a força para cometer toda sorte de abusos. Chicotes e porretes apareciam nessas horas e eram utilizados para estabelecer a ordem a bordo, ou, conforme diziam alguns comandantes, como o capitão do Ondina, Joaquim Marques Leão, para disciplinar os mais turbulentos e rebeldes. João Cândido se impressionava com o uso da chibata como forma de castigo imposto aos marinheiros.

Cada porto se apresentava como uma porta aberta para novas realidades. Foi assim que João conheceu quase todo o Brasil em sua extensão continental. Os anos foram se passando e João Cândido crescia profissionalmente. O grumete cheio de sonhos de grandeza se chocava de tempos em tempos com a realidade do cotidiano de injustiças a bordo dos muitos navios da Marinha Brasileira e se decepcionava ao constatar que seus horizontes seriam bem limitados. Por outro lado, contentava-se com as pequenas vitórias, alcançando as primeiras promoções. Era marinheiro de primeira classe e se tornou cabo de fragata; depois, timoneiro; e, por fim, instrutor de novos marinheiros.

Apesar de nunca ter sofrido o castigo da chibata por causa de seu bom comportamento e de sua extrema habilidade como timoneiro, enfrentou algumas punições, por exemplo, quando foi acusado de introduzir um jogo de baralho no navio, o que fez com que ele fosse rebaixado a marinheiro de primeira classe. Outro motivo que talvez tenha contribuído para que não fosse castigado foi o fato de ser um dos mais experientes, atuando como um instrutor para muitos dos marinheiros da frota.

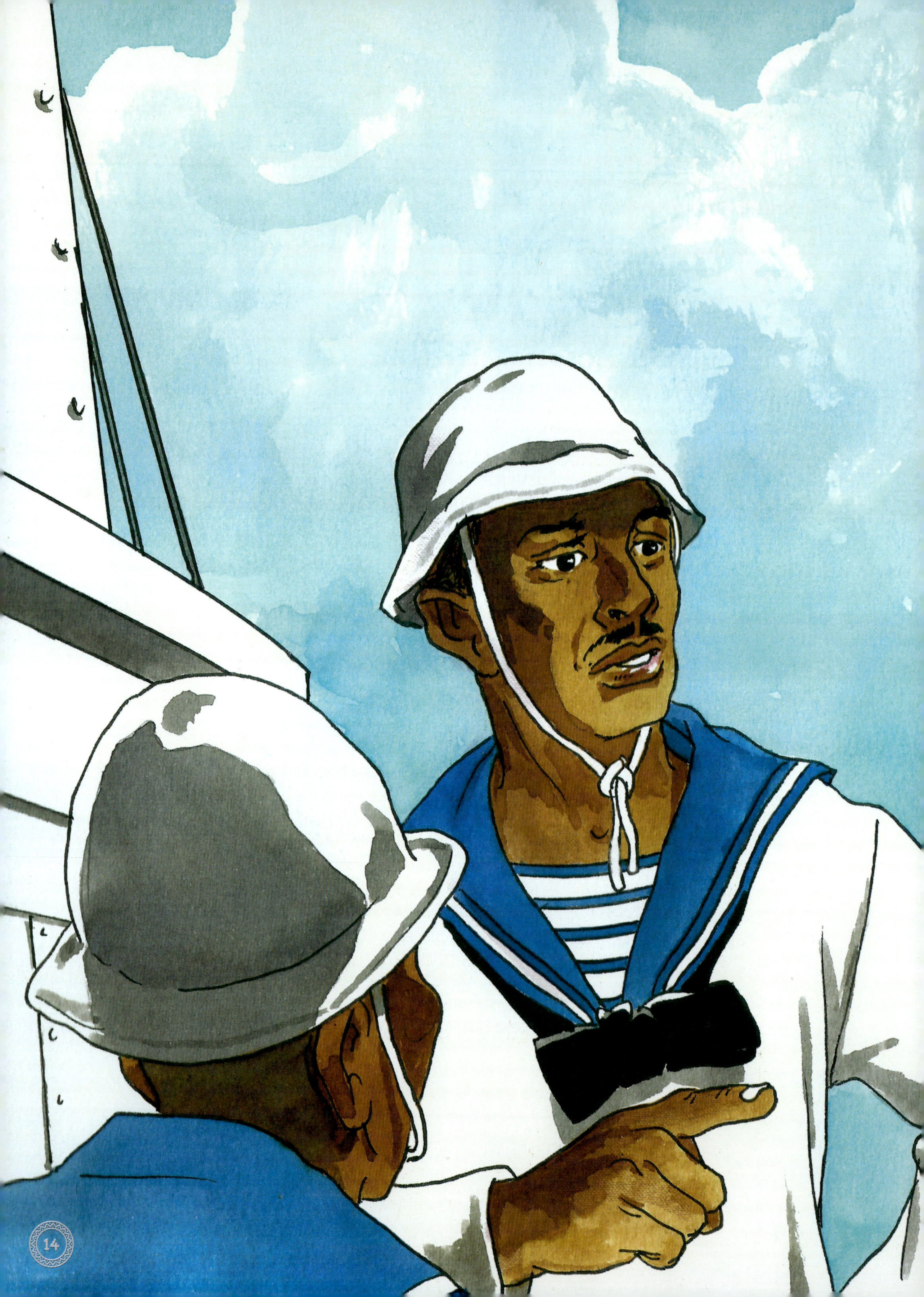

As dores e frustrações do dia a dia eram em parte minimizadas pela possibilidade de se aventurar por muitos portos e lugares do mundo. Ele e os companheiros de farda teriam um esclarecedor contato com marinheiros dos quatro cantos do planeta, ao descobrirem que os castigos corporais eram uma realidade muito antiga.

Assim, acabaram conhecendo as histórias sobre os marinheiros russos amotinados a bordo do encouraçado Potemkin em 1905. Enquanto os rebelados do encouraçado russo se voltaram contra seus comandantes que lhes serviam carne podre, entre os marinheiros brasileiros a ideia de insurreição surgia ao recordarem da chibata e dos muitos companheiros castigados nos navios, causando um sentimento de horror e profunda indignação.

A história dos amotinados do Potemkin circulou de boca em boca e rapidamente se instalou no imaginário dos marinheiros brasileiros. João Cândido seria a voz do bom senso, antídoto contra o radicalismo de alguns que já se organizavam para realizar violentas revoltas em suas embarcações. Vozes mais ponderadas entre os marinheiros, alguns comandantes e mesmo entre alguns políticos eram pouco a pouco vencidas pelas notícias quase diárias de castigos realmente desumanos a bordo dos navios.

Nesse ambiente tão desfavorável, o padrinho de João, Alexandrino de Alencar, então Ministro da Marinha, e o presidente Nilo Peçanha receberam João Cândido e uma comissão de marinheiros para que apresentassem suas reivindicações. No entanto, elas sequer foram seriamente analisadas e a decepção com as negociações foi muito grande.

Os marinheiros se dividiram entre os que se mostravam dispostos a esperar pela posse de um novo governo e os que desejavam um motim. O impasse foi quebrado no dia 22 de novembro de 1910, quando Marcelino Rodrigues Menezes recebeu 250 chibatadas diante de toda a tripulação do navio Minas Gerais. O castigo prosseguiu mesmo depois que ele havia desmaiado. Ódio, raiva, revolta... sentimentos de justa indignação incendiaram as tripulações.

Os primeiros instantes da rebelião foram de confusão generalizada. Tiros de canhão foram disparados pelos amotinados do Minas Gerais, que queriam chamar a atenção das tripulações dos outros navios ancorados na baía de Guanabara para que participassem da revolta. A população em terra, pensando que estivesse sendo bombardeada, ficou assustada e muitos fugiram da cidade. Aos gritos de "Viva a liberdade!" e "Abaixo a chibata!", vidraças estilhaçadas despejavam chuva de vidro sobre as ruas do centro de Copacabana, interrompendo inclusive a celebração de posse do novo presidente, o Marechal Hermes da Fonseca.

No início da rebelião, João Cândido se tornou o primeiro marinheiro no mundo a comandar uma esquadra. O "Almirante Negro", como seria chamado dias mais tarde pelos jornais do país, não usava qualquer vestimenta pomposa. Ele se apresentava em seu velho e rasgado uniforme branco de simples marinheiro.

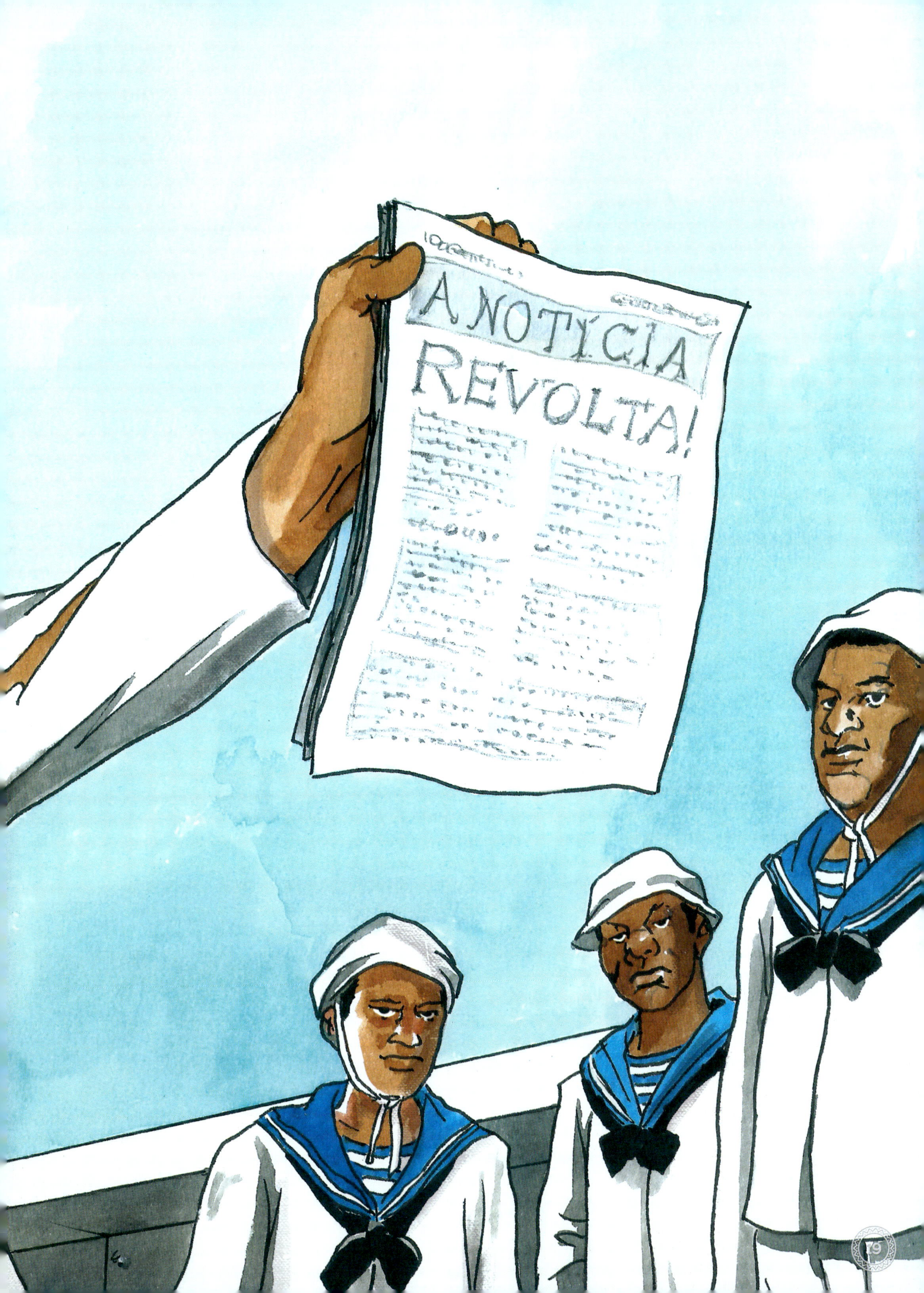
A NOTÍCIA
REVOLTA!

Os apoiadores do novo presidente se apressaram em buscar culpados pelo início da revolta, focando principalmente na figura do ex-ministro da Marinha Alexandrino de Alencar. As primeiras informações davam conta de que João Cândido era o líder dos marinheiros amotinados, e todos sabiam da proximidade entre os dois. A suspeita de uma possível conspiração se desfez rapidamente, pois Alexandrino tinha viajado para a Europa oito dias antes da rebelião.

Coube ao senador Rui Barbosa a difícil tarefa de negociar, apresentando um projeto que acabou sendo aceito pelos revoltosos. Em 26 de novembro, João Cândido e seus companheiros desembarcaram confiando que o governo atenderia as suas reivindicações, a começar pelo fim dos castigos corporais. Nos primeiros dias depois do fim do levante, todos acreditaram que a chibata era coisa do passado e que tempos melhores estavam por vir.

A alta oficialidade da Marinha parecia esperar apenas por um pretexto para se vingar dos responsáveis pelo levante. Muitos marinheiros se viram obrigados a fugir com a publicação do Decreto n.º 8.400, que os excluía dos quadros da Marinha. A situação ficou ainda mais complicada com o surgimento de uma rebelião na Ilha das Cobras, que resultou em uma brutal repressão.

Boatos se espalharam pela capital federal dando conta de que essa revolta dos fuzileiros navais fazia parte de uma nova conspiração dos marinheiros. A reação do governo foi perseguir e executar parte dos marinheiros amotinados, embarcando-os no navio Satélite, que tinha como destino a Amazônia.

João Cândido foi preso e levado para o Quartel-General do Exército, na Praça da República. Temendo que sua morte causasse comoção ainda maior entre a população, ele acabou sendo transferido para uma prisão na devastada Ilha das Cobras, onde foi confinado com outros dezessete homens.

Os prisioneiros foram colocados em um cubículo, onde o calor era insuportável. Nesse local, jogaram uma mistura de água com cal para intoxicar os presos até a morte. Apenas João Cândido e outro fuzileiro naval sobreviveram. O grande "Almirante Negro" acabou internado como louco no Hospital dos Alienados em Botafogo. Somente meses mais tarde teve a sua sanidade comprovada.

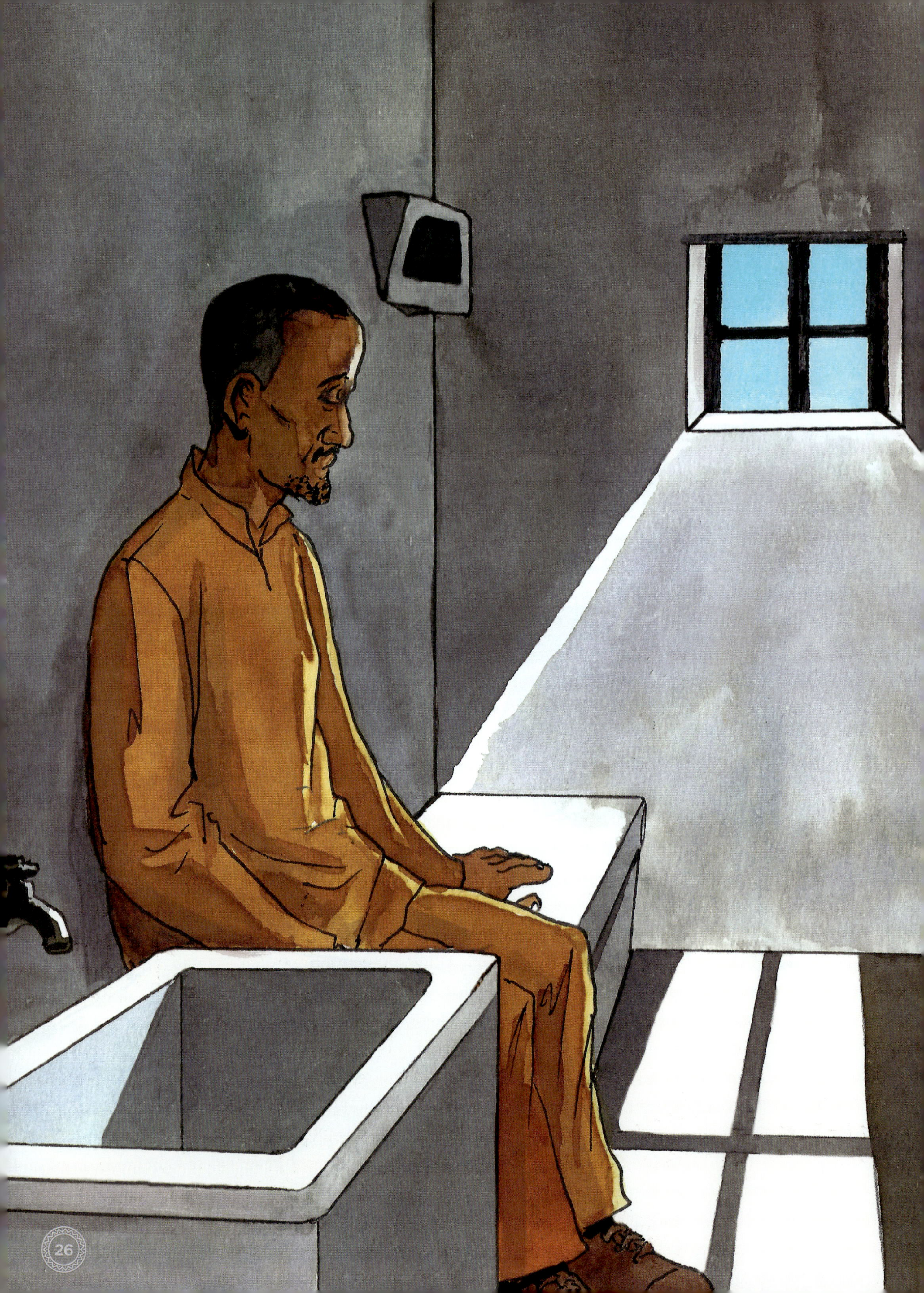

Esperava-se que João e os companheiros morressem, mas o grande "Almirante Negro" resistiu o suficiente para ser absolvido de novas e absurdas acusações em 1912. Ainda assim, pagou um preço alto por sua ousadia ao enfrentar a violência e a desumanidade da chibata a bordo dos navios da Marinha Brasileira.

Ao sair da prisão, aquele homem anteriormente corpulento e altivo estava magro, enfraquecido pela tuberculose e vestindo roupas velhas e rasgadas. No entanto, a consciência tranquila e a serenidade o levariam a lutar pelos anos que lhe restavam pela frente.

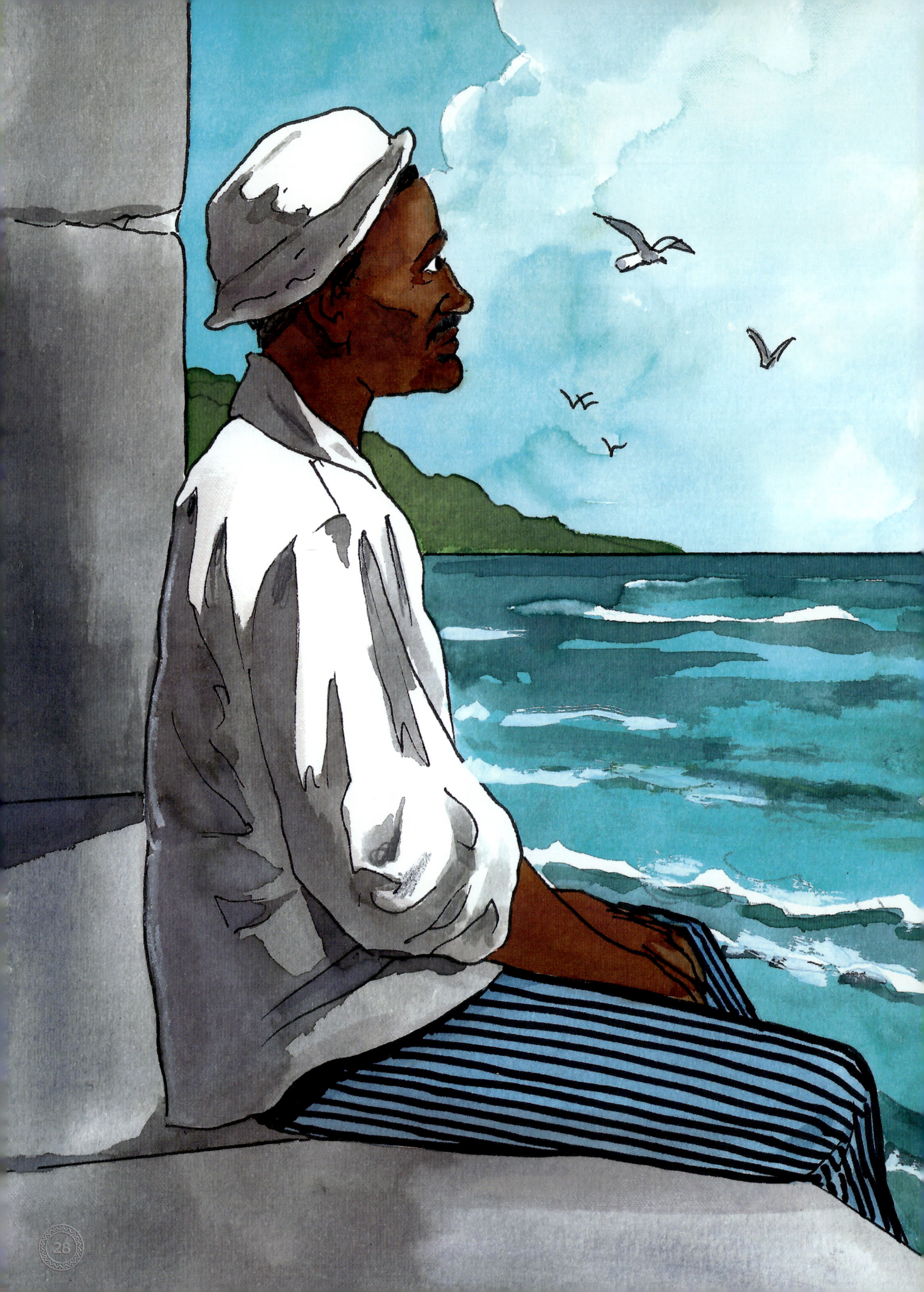

Nos primeiros tempos de liberdade, a volta ao mar lhe foi negada. João chegou a estar a bordo de outras embarcações, mas sempre com a Marinha em seus calcanhares. A idade e a saúde precária por fim o confinaram em terra.

Passou a vender peixes no antigo Cais Pharoux e a fazer outros serviços para sobreviver. Foi por meio desses trabalhos que conseguiu ajudar no sustento de sua família. Ao todo, entre quatro casamentos, João Cândido teve doze filhos.

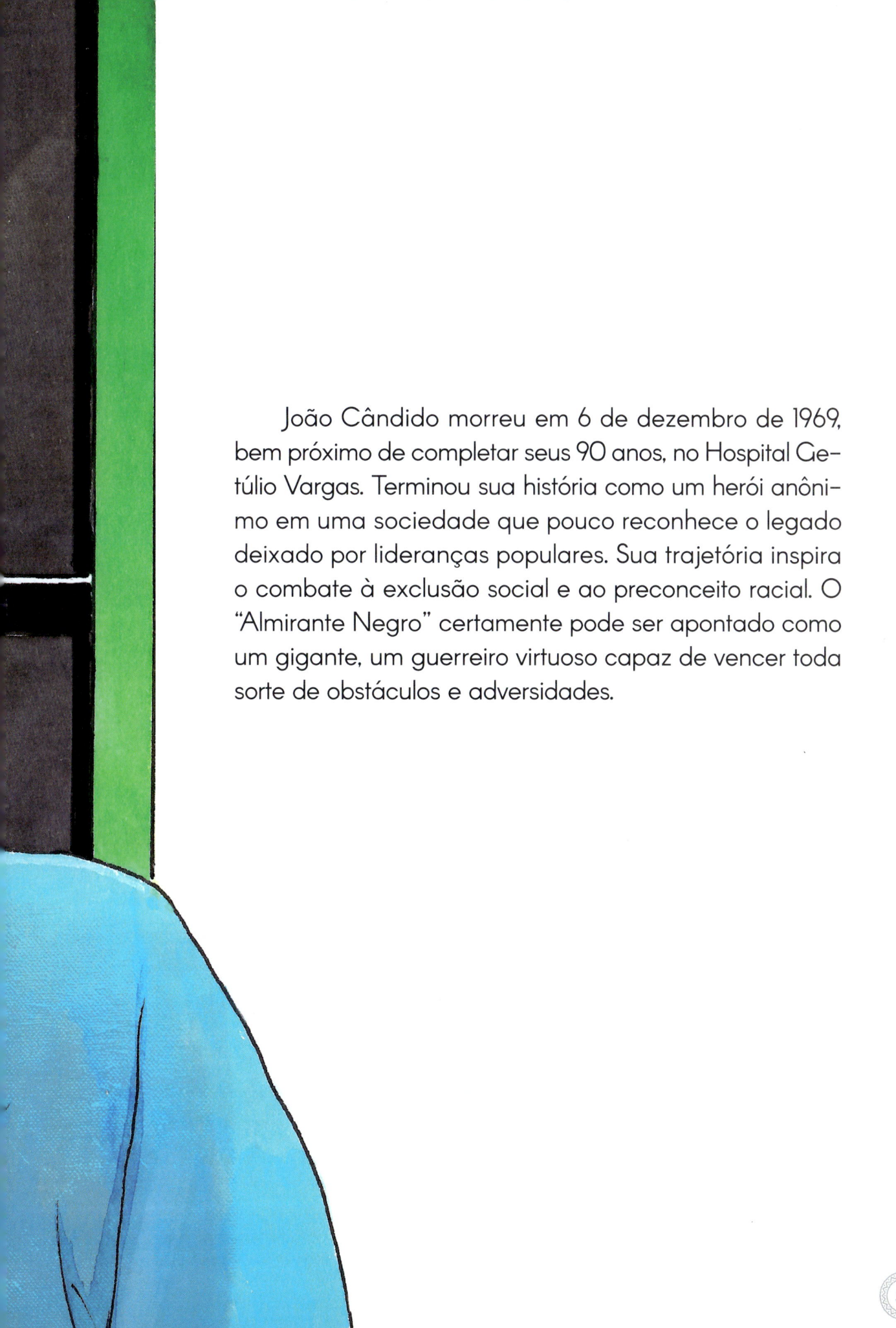

João Cândido morreu em 6 de dezembro de 1969, bem próximo de completar seus 90 anos, no Hospital Getúlio Vargas. Terminou sua história como um herói anônimo em uma sociedade que pouco reconhece o legado deixado por lideranças populares. Sua trajetória inspira o combate à exclusão social e ao preconceito racial. O "Almirante Negro" certamente pode ser apontado como um gigante, um guerreiro virtuoso capaz de vencer toda sorte de obstáculos e adversidades.

Querido leitor,

A editora MOSTARDA é a concretização de um sonho. Fazemos parte da segunda geração de uma família dedicada aos livros. A escolha do nome da editora tem origem no que a semente da mostarda representa: é a menor semente da cadeia dos grãos, mas se transforma na maior de todas as hortaliças. Nossa meta é fazer da editora uma grande e importante difusora do livro, transformando a leitura em um instrumento de mudança na vida das pessoas, desconstruindo barreiras e preconceitos. Entre os principais temas abordados nas obras estão: inclusão, diversidade, acessibilidade, educação e empatia. Acreditamos que o conhecimento é capaz de abrir as portas do pensamento rumo a uma sociedade mais justa. Assim, nossos valores estão ligados à ética, ao respeito e à honestidade com todos que estão envolvidos na produção dos livros e com os nossos leitores. Vamos juntos regar essa semente?

Pedro Mezette
CEO Founder
Editora Mostarda

EDITORA MOSTARDA
www.editoramostarda.com.br
Instagram: @editoramostarda

Júlio Emílio Braz, 2022

Direção:	Pedro Mezette
Coordenação:	Andressa Maltese
Produção:	A&A Studio de Criação
Revisão:	Beatriz Novaes
	Elisandra Pereira
	Marcelo Montoza
	Mateus Bertole
	Nilce Bechara
Diagramação:	Ione Santana
Ilustração:	Aline Terranova
	Anderson Santana
	Bárbara Ziviani
	Eduardo Vetillo
	Felipe Bueno
	Henrique HEO
	Henrique Pereira
	Jefferson Costa
	Kako Rodrigues
	Leonardo Malavazzi

Dados Internacionais de Catalogação na Publicação (CIP)
(Câmara Brasileira do Livro, SP, Brasil)

```
Braz, Júlio Emílio
   Cândido : João Cândido / Júlio Emílio Braz ;
ilustrações Eduardo Vetillo. -- 1. ed. -- Campinas,
SP : Editora Mostarda, 2022.

   ISBN 978-65-88183-94-6

   1. Brasil - História - Revolta da Esquadra,
1910 - Literatura infantojuvenil 2. Cândido, João,
1880-1969 - Biografia - Literatura infantojuvenil
I. Vetillo, Eduardo. II. Título.

22-132724                             CDD-028.5
```

Índices para catálogo sistemático:

1. João Cândido : Biografia : Literatura infantojuvenil 028.5
2. João Cândido : Biografia : Literatura juvenil 028.5

Cibele Maria Dias - Bibliotecária - CRB-8/9427

Nota: Os profissionais que trabalharam neste livro pesquisaram e compararam diversas fontes numa tentativa de retratar os fatos como eles aconteceram na vida real. Ainda assim, trata-se de uma versão adaptada para o público infantojuvenil que se atém aos eventos e personagens principais.